Technique du point d'aveugle

Image de couverture : Frédérique Longrée

www.editionsducygne.com
ISBN : 978-2-84924-536-1

Otto Ganz

Technique du point d'aveugle

Éditions du Cygne

du même auteur

prose :

Aline, Éditions Les Éperonniers, Bruxelles, 1998
Sarcophage, Édifie-LLN (coll. Maëlstrom), Louvain-La-Neuve, 1999
aTCHoum, Éditions Les Éperonniers, Bruxelles, 2000
La Vie pratique, Éditions Blanche, Paris, 2001
L'arbre d'Apollon, avec Denys-Louis Colaux, Éditions Maelström, Bruxelles, 2002
L'enroulement, Éditions Hors Commerce, Paris, 2004
On vit drôle, avec Anne Guilbault, Éditions Maelström, Bruxelles ; Adage, Montréal, 2005
Les vérités premières, avec Catherine Amathéü (illustrations), Éditions Écolline, Flobecq, 2007
La toute fine ombre des fleurs, avec Catherine Amathéü (illustrations), Éditions Maelström, Bruxelles, 2008

poésie :

Ecce homo, jeu-parti, avec Werner Lambersy, Éditions Images d'Yvoire, Court-saint-Étienne, 2002
Architecture des geôles, avec Daniel De Bruycker, Éditions L'Amourier, Coaraze (France), 2003
Leçons de souffle, Éditions Le Taillis pré, Châtelet, 2003 (Prix Polak 2005 de l'Académie royale de langue et littérature françaises de Belgique)
Voyage au pays des songes, Éditions du Cygne, Paris, 2007
À l'usage de ceux qui apprennent à entendre les mots, Éditions du Cygne, Paris, 2009
Pavots, Éditions du Cygne, Paris, 2010
Mille gouttes rebondissent sur une vitre, L'arbre à Parole, Amay, 2015
Du fond d'un puits, Éditions Maelstrôm RéEvolution, Bruxelles, 2017 (Prix Eugéne Schmits 2018 de l'Académie royale de langue et littérature françaises de Belgique)

des atomes fais ce que tu veux
Alain Bashung

à ce qu'en ma voix
Orlando De Rudder

à ce qu'en mon nom
Léo Beeckman

Préface

Une simple poignée de mots, disséminée entre les pages du livre d'un homme que j'aimais, a suffi pour que je bascule dans les univers d'Otto Ganz. Un essai dont chaque chapitre – ou presque – s'ouvrait sur une citation de lui. Et chaque bouquet de mots à la forte fragrance m'incitait à remonter à la source. À posséder une vue d'ensemble de ces puzzles linguistiques dont quelques fragments isolés suffisaient à m'interpeller. J'acquis au plus vite deux romans et deux recueils poétiques de cet auteur qui jusqu'alors avait échappé à mes radars de lecture. Dès les premières phrases, deux convictions m'habitèrent : 1) mon engouement littéraire menaçait d'être bien davantage qu'une passade ; 2) l'œuvre entière d'Otto Ganz n'était qu'un puzzle unique dont chaque pièce nouvelle venait modifier la forme et la nature.

Très rapidement s'ensuivit une correspondance maillesque d'une belle densité. Car en dépit d'une idée préconçue, un échange de courriels peut quelquefois atteindre la richesse et la luxuriance de certaines correspondances épistolaires.

Le nom qui m'avait donné faim d'Otto était celui qui m'en ouvrait les portes : Orlando de Rudder.

Orlando écrivait sans cesse. Il ne connaissait pas la tiédeur des sentiments, ni celle de l'expression. D'une culture dont je n'ai jamais connu l'équivalent.

Où trouvait-il le temps de lire, avec un appétit d'ogre, non seulement les livres des autres, du Moyen âge à ses contemporains, mais également les ramifications les plus prometteuses du Net (certains des liens qu'il m'envoya me menèrent à de pures merveilles) ? De trouver également du temps à consacrer au cercle de ses amis ? Cela restera pour moi un mystère.

L'homme fut tout à la fois d'une grande simplicité et d'une étonnante richesse, se prenant rarement au sérieux. Lui, dont la « voix » écrite tonnait, s'exprimait d'un timbre très doux et musical, parfois à la limite du murmure. Je ne l'entendis hausser le ton qu'en deux ou trois occasions.

Tel fut Orlando de Rudder. Ou du moins tel je le perçus.

Otto, comme Orlando, se plaît à multiplier fausses pistes et fausses clés. Égarant tous les dépeceurs de mots, les fins exégètes du dimanche.

Toute poésie qui tient au corps résiste à l'analyse et à la dissection. Ce qui s'y joue est de l'ordre de l'émotion et de la sensation, davantage que de l'intellect, et ouvre au corps comme à l'esprit de nouvelles perspectives.

Ressentir la poésie dans la chair quand elle fut conçue dans la chair. L'écouter comme de la musique. Non berceuse mais pêcheuse d'âme. Elle fait corps avec son auteur, mais s'en détache pourtant. Emplie d'objets inidentifiables et cependant familiers.

Toute poésie tant soit peu nourrissante est comme une histoire d'amour ; elle réveille en soi quelque chose d'essentiel que nous avions cru perdu. Mais nous ne saurions dire quoi ni pourquoi. Elle nous pousse aux métamorphoses, aux mutations spontanées, sans que nous puissions nommer cela qui nous entraîne. Les livres d'Otto Ganz sont de cette nature. Ce qui s'y dit et ce qui s'y déroule est de l'ordre du mystère. Non que leur vérité nous soit inaccessible, mais elle ne s'ouvre à nous que lorsque nous en vivons dans la chair l'expérience. À la manière des mystères d'Eleusis dans l'Antiquité.

« C'est pure folie que de croire qu'un chemin mène toujours où il va ». Cette phrase d'Orlando de Rudder pourrait être mise en exergue de nombre de poèmes d'Otto Ganz, et plus encore de *Technique du point d'aveugle*.

La poésie, quand elle est davantage substance qu'alignement de mots, ne se peut résumer qu'en termes d'oxymores et de paradoxes. Faute de quoi, elle ne saurait rendre compte des contradictions ni de la juxtaposition et superposition constante d'images et d'émotions qui forment le kaléidoscope humain. Ainsi *Technique du point d'aveugle* me semble-t-il des recueils du poète le plus « hermétique » intellectuellement. Un disséqueur du mot pourrait aisément bâtir une thèse entière sur une seule de ses rimes. C'est pourtant le plus émotionnellement accessible, à tel point que parfois on en est bouleversé, secoué, ébranlé dans ses certitudes, sans possible échappatoire. Pour peu qu'on se laisse emporter par cette crue jaculatoire, on est saisi, empoigné avec une force peu commune, tant ce sublime alphabet en désordre trouve écho dans nos zones les plus profondes, quasi inaccessibles à une conscience de veille. De même qu'a priori *Technique du point d'aveugle* semble garder à distance toute expression du ressenti, alors que rarement le poète s'y livra de manière si intime. Comme un volcan dont il doserait l'éruption. Otto possède cette vertu à nulle autre pareille du viscéral pudique et de l'obscène élégant. C'est ce qui rend son écriture précieuse à tout grand goûteur de littérature

Pour certains, la poésie est une énigme à résoudre – autrement dit qui viennent à lui donner un sens, quand précisément sa force réside dans la démultiplication des sens, perceptibles plus qu'explicables – ; pour ceux-là, Otto Ganz s'amuse à éparpiller les indices et les panneaux de signalisation. Dans chacune de ses œuvres poétiques, un mot, une phrase revient, de manière obsessionnelle. Tel un mantra, un refrain, ou le commencement d'un chant. Mais qui ouvre la porte, pour peu que la clé ne fût pas un trompe-l'œil, parvient rarement là où il croyait se rendre. Pièces inconnues, aux perspectives ernstiennes, qui nous contraignent précisément à modifier notre regard.

Notre vision alors élargie saisira d'autres visages de la réalité. Nous ne saurons jamais pourtant ce que voyait Otto Ganz, tant tout regard est subjectif.

Il en est de même pour cet autre « signe », ce mot, ce pont, Orlando de Rudder. Dès qu'Otto Ganz me signifia que son livre lui était en partie dédié, je me mis, je l'avoue, en quête, dans chaque phrase, de la trace de l'ami, me surprenant à ne point la trouver, ou fort peu. Une seconde lecture, délesté de cette soif, m'amena à l'y voir partout. Y compris là où il ne se trouvait probablement pas. Il est ici, couleur subtile parmi tant d'autres couleurs.

N'espérez rien de ce livre, car il vous donnera davantage que ce que vous en espérez. Ce qu'il vous offre est différent de ce que vous en attendez. Nécessairement différent.

Pascal Perrot

Je vois

se dessiner trois chaînes
traits d'embrumes détachées
de l'air qui se nouent
aux grelots de voiles mâtes

la Sainte-Baume et ses aurores boréales
retrousser la lèvre
sur laquelle nous marchions
tenus à l'épaule

trois lumières mouchées
par le soir expulsant de leurs gongs
les portes de cette ville imaginaire
que nous croyions avoir atteinte

Je vois

les animaux geindre puis se taire
à l'exemple des hommes
partis pour ce lieu isolé
où restituer l'apnée des débuts

l'obscurité et ses photons
irisant le miroir et
la rétine imprimée de
fantômes courbes

spectateurs limpides
d'une aube fissurée sur la ligne
ironique des saisons
où nous manquons de l'essentiel

Je vois

la projection de fragments effilés
traverser la membrane des croyances
les tissus mous aromates et
ces atomes impalpables

ce qui en tous
sépare et réunit
une inconnue biologique
aux multiples dénominateurs du sens

l'insecte cisaillant l'homme
comme on le fait des herbes puis
l'équilibre se rétablir
au détriment de la nature

Je vois

ces maisons de bitume jaune
qu'on fait emmurer la nuit
afin que ne s'étende le grésil
des pneus sur la chair fraîche

de combien faudrait-il dédommager
les victimes et les assureurs

revenus assouvir
la sourdine de leurs proches

sinon la peur qui accompagne
le vêlage des glaciers
les coulées de boues acides sur
l'illumination désertée

Je vois

ton cœur pulser entre les côtes
l'amour n'est que chimique dis-tu
tant qu'on ne lui a pas donné
une symbolique commune

le piston du détonateur décocher
poussée carnassière
accélérant le vécu
dans l'échine d'un bétail molesté

contre la nuisance de chaque dieu
existe un antidote
prie celui qui nie
en autrui ne croire

Je vois

ce que je suis et
qui je dois dénoncer de dos
sans que jamais le visage ni ne
se laisse saisir ni ne se reflète

l'haleine d'essence de ces gens
méconnaissables roués vifs
secoués par les ondulations de cette
catastrophe où le silence s'engourdit

ma naissance un fois encore
celle de tout autre
alors que tout était
pensait-on déjà terminé

Je vois

mon fils encombré de suie
transmettre à travers les clous
la terreur que nous ont inculquée
nos bienveillants parents

parce que tout se réduit
à une part congrue
cet intervalle glissant sur le temps
d'une abstraction vécue dès le réveil

ses yeux me fascinent
les dizaines d'autres accumulés
dans le même plein panier d'osier
certains ont gardé leurs paupières

Je vois

comment après la vie il
revient aux survivants

de précipiter dans l'oubli
auquel conduira l'histoire

l'habileté sans doute
le plaisir que prennent les voyants
à créer la cécité des victimes
avant de les remettre au néant

la vraie victoire me diras-tu
résout la connaissance que toute mère
œuvre à la destruction générationnelle
je te regarderai différemment

Je vois

se tordre celle qui m'aura porté
au timon noué de son bassin
avant de m'expulser d'un rythme
que je ne cesserai vouloir rejoindre

la valeur de la vie en regard
de l'immensité du brasier
la torture du froid et l'étourdissement
la soif de nos tentatives ajournées

au hasard de tortues marines
effondrées sous l'atmosphère
nulle colonnade que l'air
n'appuie sur le dos

Je vois

mon père sexe ras coupé
rembourré à la gorge et
sur sa gauche son propre cœur
saupoudré de caféine

par le travers des bruits
d'une nuit ébouillantée
devenir dense
lorsque refroidissent les chairs

le si profond pouvoir des mains
et rient les humbles qu'au-delà
des apparences le monde
celui qui ne change pas vacille

Je vois

un gouvernement d'animaux
pour d'autres animaux moins sereins
la femme d'un homme seul
face à lui et un écran d'ordinateur

le vide recouvrir qui contient
les corps décalcifiés les micro-ondes
tordre cette bouche happant
l'oxygène à se fendre

l'anarchie digérée par des
milliards de pupilles puisque

la surpopulation transforme
le temps en digressions farineuses

Je vois

les tribus tatouées peintes scarifiées
mises aux fers à genoux réunies
les milices curieuses sous la coupole
files inhumaines se pressant aux flammes

par un poème dont nul n'a conscience
tordre les branches comme des corps
trop secs couchés par le souffle et
rebrousser chemin

s'éparpiller les lucioles
brisées dans le son
émis à la chute
d'un objet très lourd

Je vois

ceux-là fissurés par l'orage
les doigts électriques
d'une ligne à haute tension
brusquement mise à pied

sur des brindilles de bois
ce lent parcours
entre les rapides et la vermine
dans la chaleur et l'humidité

les degrés sans cesse renforçant
ces pas monotones
qu'à distance raisonnable
reniflent les chiens

Je vois

seul dénominateur commun
guidant les hommes d'entre les braises
et les femmes d'elles-mêmes
le laminage de l'acier par la chair

dont augmente avec la finesse
la dureté au trempage
caressant le sens
d'implantation des pores

il est déconseillé de bouleverser
dis-tu prudente le corbeau
qui te piquera les pupilles
une fois pendue

Je vois

s'écoulant de la pleine tête
ouverte de mes frères morts
les pétales d'un parapluie
que l'on déploie des deux mains

un homme me dévisager
comme s'il jaugeait son détour

puis s'éloigner le second s'arrêter
et me toiser également

le suivant repousse de la main
l'odeur qui s'étiole sous moi
en informe et
narcissique tourista

Je vois

l'ombre furtive de l'astre
depuis que nous l'observons ici
qui parle de cratères sous-estime
là-bas les mécanismes de cautérisation

une longue glissade d'entre tes jambes et
l'opium la langue les étriers la bribe
cette cravache que tu mets entre mes mains
qui ne comprennent ni à quoi ni en

ce qui est imprononçable
pousse les religions à masquer
derrière l'image l'espoir qu'un
corps difforme soit honoré

Je vois

le fleuve que traverse la jonque des morts
poussée par l'éclat
lorsque tes yeux retournés flambent
d'une absinthe au centre noir

Edgard Allan Poe Jean Ray de Ghelderode
leurs fantômes préenregistrés la rumeur
masquer l'étouffement dans les wagons
surplombés de liquides troubles

les parfums exfoliants de l'ambre
du santal et de la myrrhe
lorsqu'ils se collent aux grains de soufre
dont on enduit la chair revenue bois

Je vois

l'absurde vérité à accepter
la bienveillance du mal
pour rendre à la beauté
sa plus juste valeur

dans la tempe la bouche ou
au creux de la nuque chacun
honorable ou dérisoire
y trouvera matière à s'exprimer

alors ne survivront que
des désorientés
dont l'indiscrétion
progresse à l'aveugle

Je vois

l'heure où se chercheront
nos mains nos épaules tu poseras

sans le trouver ton regard
en travers de mon nom

invalide celui dont le corps
scié en deux longueurs
refuse de lâcher
la main de son frère

le souvenir l'orgueil le malaise
de ne l'avoir pas connu
pour en garder une mémoire
qui semblerait juste

Je vois

cette femme m'abandonner cela résonne
en son temps la Légende noire du Brésil
de l'Afrique de l'Inde et du Congo
ces corps enterrés à la hâte certains entravés

des nourrissons des vieillards
ce n'est que la fosse d'un hôpital voisin
déclarera l'histoire mais qui croire
qui ne soit poursuivi par des cadavres

moi seul sais où me terre
sans trouver le sommeil d'ailleurs
que dans les prescriptions renouvelées par
un dingue moins agité que moi

Je vois

derrière la pierre calcinée
dont on borne le parcours
des enfants ne persiste alors rien
que de putrescible

les corps désarticulés païens
et le tracé net de cette éclipse
fuyant les points d'impact la pente
les doigts rassemblés par bottes de cent

floralies tactiles que ces bouquets
rappelant l'hommage des uns
aux inconnus qui garnirent le banquet
des autres en viande à canons

Je vois

à seaux des oreilles des langues
flotter les citernes creusées en amont
du canal par un millier d'insectes
noyant au garde à vous un millier d'autres

la polychromie préservée dans la boue
qu'on décolle avec précaution
d'une montagne aménagée
en terrasses artificielles

ce lieu d'où s'arrête tout pouvoir
dérivant d'une grève à l'autre par

l'imprononçable de toute quête
à l'intersection des cardinales

Je vois

les modèles mathématiques et
ce droit momentané
de distinguer la raison de la nuit
lorsque la coque racle les hautfonds

haute pression des roches
volcaniques comment elles surgissent
verticales avant de basculer
à flanc roulis de comètes et du schiste

ce que condamnent les irradiés de Nagasaki
de Fukushima de Tchernobyl
ceux de Guantanamo
du cimetière de Timisoara
l'indigence profanée par la lumière

Je vois

des silhouettes émaciées appauvries
ce bruit de langue que l'on défroisse
en chaque parole coagulée
par la température de l'eau

les ombres se découper sur ton regard
parmi lesquelles se cache
un homme renié de ses proches
trop tard penché sur ma dépouille

il s’enfuira avec trois pièces de un euro
un morceau de cannabis emballé
dans du papier aluminium des Xanax
qu’il refourguera le soir-même

Je vois

la route qu’étouffent nos pas
et aucun n’atteint le bout
s’essayant à la course puis à la marche
lorsqu’épuisés d’autres choix

la liste de ceux qui mourront
enregistrant des mois plus tôt
les noms aphones et méthodiques
du sable de cette foule de migrants

les crampes la raréfaction de l’oxygène
au-delà des huit mille trois cents mètres
d’altitude et comment ils tombent
d’une balle de verre en pleine bouche

Je vois

les rangs gris l’électrocution
des hommes qu’on laisse pourrir
émasculés par l’hiver les privations
en lesquelles nul ne peut douter

des déchets dont ils s’abreuvent
au prétexte de cette peur

de n'avoir à manger quelques parts
du quotidien

ce temps où personne
ne retient les égarements
ni les traces superposées des errants
à celles d'un crime universel et insipide

Je vois

le méthane exploser sourd
ces copeaux noirs qui ne finissent
jamais de se déposer
alors qu'on attend sans espérer

par la lumière au travers
de la courbe effritée de nos épaules
en chaque étoile s'éteindre un
nouveau témoignage crédule

les trains s'engouffrer sous les villes et
la fumée noire dominer les usines
où s'agglutinent ces flocons sans
graisse les os se calcinent mal

Je vois

l'étouffante veilleuse opaque
dans le néant ravalé
jusqu'à la garde du jour
la fin d'un seul n'existe pas

les sédiments s'accumulent sur le toit
plat des immeubles à loyer modéré
et l'enfant que je suis devenu
découvre l'alchimie neuronale

il revient à chacun de comprendre
la résistance et la soumission dis-tu
comme je l'aurais fait sans rien gagner
qu'un méritoire stérile à ensemencer

Je vois

comment des hommes enseignent
laisser mourir comment
d'autres y mettent le zèle et
l'application à faire durer

l'explosion blanche des ogives
chirurgicales que défèquent
les avions à hélices
lorsqu'elles approchent du sol

cet instant de bascule entre
l'instinct et la résignation
à savoir le jeu sans vainqueur
qui n'ait porté la main sur autrui

Je vois

sous les déblais de nos caves
plus vastes que la durée

détourer l'empreinte de la poussière
par la pression de nos paumes

des granges des étables
les bergeries dont les locataires
étoufferont sous l'incendie
attisé par le vent d'Ouest

l'odeur des graisses liquéfiées
l'écoulement des lards et graillons
sur ce feu dispersant ma voix avec
l'empuantissement des labeurs

Je vois

la rébellion porter le déséquilibre
les pôles s'inverser le jour
et le globe terrestre perdre appui
de son axe après minuit

à une échelle si gigantesque
qu'une vie n'est pas longue assez
pour que la perception de cette toupie
prenne source dans ses oscillations

les étoiles éclairer chaque
dictature suspendue aux potences
des bouchers nos voisins nos frères
érigées sur les sables mouvants

Je vois

sans cesse reconstruire des villes et
les abandonner
si la nature reprend ses droits
l'oubli se donne un but

ce lieu où une femme pille un homme
un autre que moi pour les mêmes raisons
obscure et irréfutable
qu'un drap de vase froissée

de la survie d'une espèce
qui se conçoit en sursis
rien ne persiste que
ce savoir

Je vois

la ligne d'horizon onduler sous
l'effet d'une chaleur intense ou
de l'ivresse
les flammes se propager

à la vitesse emportant
l'étincelle et l'éclat des fenêtres
rectilignes masquant les incendies
à nos tympans carbonisés

les seins aplatis par la grossesse
puis gonfler violacés avant d'éclater

sourdre la rancœur des hommes
à la mémoire de la privation

Je vois

ce reste hurlement d'une louve
gueule ouverte au faîte des nervures
pas plus de lait
de ses mamelles écrasées

par les dents des chiots
s'expulser cette douleur
altérer le manque jusqu'à
l'obtention du sevrage

d'étonnement se taire et
suivre des yeux l'alignement
interminable de ces fils métalliques
tendus entre les falaises

Je vois

ce jour durant qu'un homme
balbutie contre ses semblables
sans plus y croire nous sommes
de la descendance de Caïn

les incestueux de Canaan revendiquer
ces origines où germent
la source opérante
de toute mémoire

le plaisir d'autrui
pour trouver le propre sien
de chairs de cartilages et
s'en repaître

Je vois

ces temps où la science démontra
que nous sommes bien les enfants
que Gengis Khan et Gandhi
ont économisés pour d'autres enragés

la rouille incrustant la trame
la volatilité du textile
sous la lumière
témoignant bien mal des rescapés

et la plaine océanique que
n'atteint pas le soleil
onduler des ballots de linges
aux respirations d'algues

Je vois

par l'attraction exercée
sur les plans liquides
la masse trembler les avalanches
rétablir une vérité

les corps disloqués sous la neige
mélangée aux cendres du foyer

allumé par le dernier
à survivre hagard

la joie du sociopathe
en son centre celle de mon fils
les excréments que l'on mâche et
l'urine recouvrir les draps blanchis

Je vois

où restent les noyés
jetés bas d'un radeau
parfois des bottes en caoutchouc
prolongeant les jambes d'un pantalon

le dernier patriarche
inhumé au centre
des trois songes de Kafka
dont les notes disparurent avec le déluge

comment les hommes et les femmes
ont lutté d'une survie
strictement égoïste
contre la noyade

Je vois

dans l'ordre des choses simples
une inéluctable banalité s'abattre
sur les plus grandes causes
communes à la croissance

le sadique distordant du retable
d'Issenheim par Grünewalth
tel qu'exposé au musée
Unterlinden de Colmar

puisque nous ne laisserons rien
dont nous n'avons provoqué
la venue ni pour ceux
à naître de nos attentes

Je vois

cette femme aux trois amants
me dire être impulsive puis
il n'y a pas d'avenir à attendre
l'amour que je prends d'instinct

comment tous s'éteindront
étouffés
par cette écume d'éther que
charrie la vague

un fétiche bambara
patiné de plumes
courbatures de sperme
de sang et de salive aussi

Je vois

mon dos posé à plat
sur une table en aluminium

mes entrailles battre on
observe mon estomac avec curiosité

le rythme cardiaque frôler
l'infrabasse comment tu
suffoqueras lorsque cette procédure
respiratoire me fera étouffer

le mensonge persistant où
ce qu'y rassemble
la vérité posée en travers
de nos vies démontées

Je vois

ce long chuchotement fossile
ébarber les gréements
la marbrure feuilletée des soies
sur le cou que l'on traîne

mon fils me demander
papa tu es dieu oui hein
dans mon souvenir tu restes
celui qui n'a aucune raison de croire

les mots du poème frais tendus
sur les arêtes d'une peau tannée
l'œuvre de verbes aspirés
patiemment œuvrant au rouge

Je vois

cet unique moment confus
où se rompt l'écorce
libérant une semence utile à
la délivrance charnue de nos nerfs

une vie ou ce qui ressemble
à celle de tout homme
conçu d'une femme et
d'un autre animal

ma femme m'ignorer
et moi-même feindre savoir
ce qu'elle méconnaît
avec raison

Je vois

Satan danser et me sourire
sur des monceaux de bois morts
qui quelques heures plus tôt
tenaient ferme un autre vivant

tout germe prend naissance
dans l'évaporation de l'eau
que pleurent raconte-t-on
les petits hommes seuls

silhouettes déracinées
dont on a coupé la cime

la trahison dis-tu vient souvent
de la main qui tressaille

Je vois

six milliards d'humains mourir
de faim de soif et
cette promiscuité
pandémique

six milliards d'amnésiques
crevant noyés dans leurs terriers
il n'est pas bon de délayer
ce sang qui relie la terre aux ancêtres

la courbe de tes lèvres
déglutir l'humide en ma voix
alors que s'y contient
un hoquet ancien

Je vois

après la grande grève
la naissance d'un air plus gras
charrié par les camions
et l'amoncellement des ordures

la périphérie de la chair
pain carmin de farine
des os que l'on aura moulu
et l'horreur d'y trouver une épingle

au creux de la langue
se niche un poème lacunaire
fait de la découverte à
n'être pas consommable

Je vois

le jour si proche qui
posera la question d'un savoir
moins abstrait
de l'homme

il est naturellement
bon et mauvais dis-tu
qu'un poème soit ce don
des esprits aux aveugles

je ne comprendrai pas
le sens de l'alternative et
me tromperai de règne
sans m'en excuser

Je vois

les migrations des peuples guerriers
la fuite vers des prisons
où les rêves que l'on juge trop fragiles ou
faibles se recroquevillent

autour d'un moucheron ce moment
où tu me mentiras à nouveau

pour préserver la frénésie
qu'aucun ne meurt d'amour

mon vertige s'écrase encore et
encore toujours au même endroit
sur les mêmes champs dans lesquels
poussent haillons et ossements

Je vois

la reptation de l'air l'orgueil
l'androgyne et les trois œuvres
lorsqu'en retard il comprendra s'être
démasqué sur de petites choses

minuscules puis l'entrainement
avec l'ensemble de la croissance et
le temps sur un autre temps
passé à nous contredire

une goutte suit le contour du nez
pour s'arrêter à la commissure
si elle dérange elle passera dis-tu
ne t'en fais pas elle partira

Je vois

qu'un homme pour survivre
consacre à l'excédentaire
ceci qui ne porte encore de nom
et n'en recevra jamais

aspiré d'un ventre étranger
recroquevillé dans la cuvette
au moins les faiseuses d'anges dis-tu
nourrissaient les cochons

désigné Fils compliqué
dont la chaise vide
prend sa puissance
aux soucis de justice

Je vois

par-delà le glissement froid
des perles de condensation
la tristesse conduire à l'espoir
puis l'absence d'enveloppe

la maladie plus simple à respirer
lorsqu'on écoute lentement
un pauvre devenir sourd et
nul autre public que des aveugles

une femme manger son nouveau-né
Médine Alep et le sacrilège
que l'on agite aux cris d'onomatopées
telle je t'aime mon aimée

Je vois

Jean-Louis Dupont appuyer
sur l'accélérateur d'une décapotable

verte et la route
se déplier sous le capot

puis un autre lieu où le même
s'accroche à la vie en priant
qu'elle consente à
lui éponger les tempes

ses cendres dans la chaleur
de ce moteur vrombissant
ce que sont devenus André Beem
Pierre Lamy Luc-Francis Génicot

Je vois

les os broyés d'Orlando et droits de Léo
que je les rejoigne puisque le temps
qui nous sépare est cette seconde
résiduelle à l'échelle gazeuse

Treblinka et ses deux sœurs
filant entre leurs doigts
le cassant fil torsadé
d'une inhumanité amnésique

le sang des justes s'évaporer
poudreux ainsi que les larmes
d'une cité vitrifiée
par les coulées pyroclastiques

Je vois

disparaître dans les formes
ceux qu'auront dépouillés
des médecins
de toute crédulité

l'erreur d'aimer
au détriment d'une légende
qu'on pourrait transmettre
après l'abandon des décombres

l'Amazone couvrir la terre
où respirait la matière ligneuse
de cette canopée par dessous
laquelle on ne sait que fuir

Je vois

parce que la vérité
est impossible à écrire
sans méprendre
la teneur de tes attentes

Daech et Volkswagen trafiquer
le compteur des génocides
la faux trancher les âmes
comme des fibres optiques

cette clarté que rétractent
les pupilles asséchées

par les gaz de combustion et
Kurt Gerstein en pleurs suffoquer

Je vois

la surprise d'une femme
à laquelle je parle d'odeurs
enivrantes de levure et le lait
caillé dans ses cheveux

ce que je respire d'organique
alors qu'elle enfonce à
mes côtes adoucie
le poids de son torse

le sens inégal des souffles
dévoilant une industrie ancienne
ce moment précis du soir
que traversent les oiseaux

Je vois

ceci qui supplie en vain
d'oublier quelques jours
les plus tristes
ou d'autres moins glorieux

les exclus de la portée
par l'instinct maternel
ou la pitié intuitive à
préserver l'âge adulte

les plus forts se massant
aux sorties d'un métro inondé
puis les cohortes mitrailler
sur du liquide humain

Je vois

le sentier sous l'ellipse
l'allumette enflammer l'essence et
l'essence enflammer l'immeuble et
l'immeuble l'indécence

des eaux se figeant
lorsqu'elles reflètent cette brume
brassée par une femme
nettoyant les fibres de lin

ceci vieux comme le monde
et toujours debout
l'homme qui le remonte
en titubant

Je vois

celui qui œuvre à construire
un songe disparate où l'obscène
se substitue à la grâce il ne faudra
plus attendre bien longtemps

avant que s'ouvrent les entresols
les larmes et le lait maternel

distillés
engloutir la consolation

comment à cette station du voyage
il est plus utile de cicatriser
l'imprononçable
qu'en empêcher l'infection

Je vois

le craquement disproportionné
dilater cette voix qui secoue
le fond de ton ventre
un coup de pied à l'incroyance

se tendre la corde de la réalité
à claquer ou rompre
le translucide et volatile
pouvoir du rire

avec la beauté
l'affaire d'une maîtrise
la pureté voudrais-tu
briller à l'état sauvage

Je vois

nos terreurs nocturnes
rappeler aux vivants
combien le grouillement
est salutaire à la nuit

quels mots percolent
ou quelles branches
je tiendrai à deux mains
sans trouver l'équilibre

les armées débroussailler
égorger saigner à blanches
mille collines en surplomb
les veines sombres du latex

Je vois

l'inaudible partition du territoire
tel le flux inconstant de l'eau
l'attraction lunaire et la
tuméfaction des atomes

un commerce de l'ébène
mains droites à pleins paniers
pour justifier le braconnage et
les munitions de l'ivoire

mon fils d'un souvenir
qu'il n'a pas vécu
peut-on exprimer ce
qui n'est pas inhalé

Je vois

sur un morceau de pain
s'étaler la noix de beurre

d’un plat couteau
à bout rond

rance et dérisoire la honte et
l’instinct famélique
l’échine onduler
lorsque le paysage s’effondre

moulinage des graines de pissenlit
des nymphes de moustiques
la connaissance et
l’indécision qui s’épousent

Je vois

les larves confondantes
de nos ancêtres parachutistes
redéposées pluies insipides
entre des bouleaux déchiquetés

le cycle qui se termine
au moment précis où commence
la fin du suivant
et ainsi éternellement

ce long chuchotement
net lorsque ta poitrine
s’empresse à la réplique
d’un autre éboulement

Je vois

les estomacs vides se repaître
de la sauce des nourris
avant d'être aiguillés
vers un autre abattoir

les soutes s'ouvrir
comme on écarte la plèvre
d'une scansion abrégée au hasard
de la respiration

basculant le corps congelé
d'un passager exfiltré
qui a longé cette piste
aux flancs éclairés

Je vois

la pesanteur s'inverser
comme on annule
le cours de quelques heures
au décompte impossible

ces mondes tout entiers
sous les cendres et le bitume
l'empreinte des silhouettes
sur les murs seuls restés droits

la chambre de mon fils
les yeux écarquillés

sur l'éclat d'une ambulance orange
débordant leurs reflets

Je vois

l'obscurité feindre
se piqueter d'étoiles
sous le nid de brindilles
que déforment les plaintes

le cliquetis des grenailles
dans un gobelet de plomb
puisqu'il est vingt heures
trente chaque jour

la fatigue gagner
sur les giboulées
alors que tu remontes la houle
aux berges de tes pieds

Je vois

le désir que tu dis
et que tu replies
dans le centre inhospitalier
où germent mes intentions

ne s'expliquent à l'aveugle
ni le mouvement qui
défourne le lit
des autres sens

ni la poussière du sentier
lorsque s'est tari
le goudron des hommes
par la limite de tes mots

Je vois

qu'il y a plus à attendre
de quelqu'un dont la morale
justifie la survie plutôt
que ses contraires

tout au moins goûter
ce qu'il est donné de rendre
rien qu'on puisse encore
soustraire à la générosité

la vibration de décennies
à apprendre que l'ignorance
étreigne la supplique
jusqu'à s'en étouffer

Je vois

les morts remuer par jeu
mes doigts dessinant
les contours peu nets
d'une portée de javelot

la signification légère
de cartilages métaphysiques

qui combleront où s'effacera
une déroutante anatomie clinique

ma propre conscience
repousser à pas de rats
quelques secondes
de l'éternité à laquelle je consens

Je vois

le geste sa précision
sa répétition
au cœur d'une tragédie
se suffisant à elle-même

la longue anguille de tes lèvres
et leurs chaos aveugles
tissant le fil pincé
de cette tapisserie

la dysenterie
infester le rire joyeux
le flux des craintes
irradier l'écho

Je vois

le satin tes cuisses
attiser la lave
tes yeux me dire
ce qu'on perd sans courage

aux signes tangibles de l'orage
posé à l'orée de nos vies
si bien installées
dans la rigueur du climat

le clapotis
sous les chevilles
d'un savon échappé
aux flasques des paumes

Je vois

le discret miracle le paradoxe
la reprise longue aspiration
à ne couler
qu'entouré des siens

la force qu'il faut
pour respirer aussitôt
passé ce reflux
des inondations d'avril

la voix porter plus loin vouloir
se faire entendre
par les sens fatigués
de cet interminable exode

Je vois

le chant polluer l'air
ce silence à peine perceptible

tu verras écris-tu
alors que tous se taisent

s'épanouir le poème
indigent
sans aucun sacrifice
ou monument de fleurs

la vue que l'on reçoit
plongeant si limpide dans ce
qu'aucun homme ne résoudra
ton regard de mécréante

Je vois

la maigreur des migrants
trois points de croix rouges
former triangle renversé
que l'on se souvienne

la membrane de nos mains
sur le grand creux
les tranchées où s'étire
l'odeur de tes seins

l'indiscrétion écris-tu
ne t'inquiète pas
tu seras seul à t'apercevoir
de cette discrétion

Je vois

la nausée des puritains
des religions des dieux païens
indifféremment expurgés
au hasard des fouilles

n'ayons pas honte de ce qui
accomplit sous nos yeux
la contrainte d'un éventuel
réveil agglutiné

les guêpes vriller
à l'annonce de ton nom
un bris de lumière où
la parole s'étourdit

Je vois

scellant par cette parole la fin
de tout système économique et
le frémissement de la lumière
au-delà de l'éclair

la mort plongeant son grand regard
dans ceux des hommes
ne soutenant plus l'absence et
jugeant l'incrédibilité s'accorder

comme rampent les hommes
lorsqu'ils sont invités par des femmes

comment des femmes amènent
à ramper pour supporter leur poids

Je vois

les colonnes s'ébranler
la propagation sous la croûte les
fractures la matière d'un continent
à l'autre vaciller

une longue période glaciaire où la
langue vulgarisée ne dira que
l'incompréhension entre
des générations de pères et d'enfants

l'interruption de grossesse
laissant place à l'ennui
qui déconstruit toujours plus
qu'il n'a les moyens de bâtir

Je vois

se décoller ton rêve
du mien lorsque nous
serons seuls et
ne nous entendrons plus

l'infection fragile
gagner le fer l'argile et
l'eau profonde
des nappes phréatiques

cette heure où en Provence
Marie-Magdelaine baigne
trois rubans roux
dénoués de ses cheveux

Je vois

les plombs valdinguer le lest
l'angoisse charriée à rue
un souffle que nul n'entend plus
m'irriter les joues

autant d'insectes
qu'en contenaient encore ce matin
les yeux de mon fils
que découpait le ciel

vivant ébouillanté
par la lumière
de sa propre peau
celui qu'on étreint trop peu

Je vois

autant d'insectes
dont les protéines nous font carence et
que nous ne tarderons pas
à ingérer pour survivre

la Joconde de Patrick Vignier
en mille neuf cent quatre-vingt-

seize ou nonante-six me regarder
sans yeux ni bouche à refermer

de même les morts gavés
d'antibiotiques de conservateurs
dont la chair se gaspille
puisqu'ils ne pourrissent plus

Je vois

la troisième semonce claquer
la source de notre joie
et l'incontinent besoin
pour seul médicament

la prise de Grenade en 1492
par les rois catholiques
sa commémoration à Diarbékir
tous les dix-sept juillet

l'ergot de semence
enfumant ce qui se respire
en toute liberté
rabattre le sens de la pluie

Je vois

se rompre les fils d'araignées
sous le poids du pollen agglutiné
preuve que mai n'est pas bon
pour un dépressif

l'intolérance au lactose
se mêlant aux phosphates
dont on aura pris soin
d'enduire les entreponts

la terre carénée par la civilisation
riant de cette mascarade où
l'idée propose
de distinguer le genre du vivant

Je vois

l'enveloppe à fenêtre
qui t'annonce ce cancer
dont tu penseras peut-être
qu'il te laisse orphelin

l'obligation
de la remettre au médecin
qui n'en dira que
ce qu'il voudra en lire

ce qui se traîne
hors des cendres
s'alourdir
d'incandescences

Je vois

les nasses gonfler le relief
des eaux de pluies l'électricité

produite
au prix de l'incarcération

la bruine bien pâle
devant le raclement sec
devant la sauvagerie du loup rien
d'autre que le chien revenu sauvage

à quoi sert d'expliquer
que s'est développé
dans le tumulte
ce que je maintiens

Je vois

Zarathoustra s'asseoir sur le lit
où sa mère mourante écarte
les jambes et observer
méconnaissable d'où il vient

la main de l'homme plier
à froid le pâle bras des dieux
et l'impuissance
que transmettent les premiers

une femme un homme que sais-je
expirer indifféremment
que s'éteint chaque instant
toutes les trois secondes

Je vois

le sang battre contre la joie et
la joie exploser tu oublies
sur tes épaules nues
l'œuvre portée rouge

les flammes renaître
aux quatre coins des fenêtres
puisque l'oubli des saisons
justifie qu'on s'en étonne

la survivance de ce regard vitreux
tourné vers la fosse
découvrant soulagé
que l'avenir est un cul-de-sac

Je vois

le tremblement
de ton écriture
au rythme d'un papier
plié en huit écris-tu

alors que tu vis
moins bien que tes enfants
sans me donner
tort pour autant

démuni
mais heureux

celui qui s'imagine féconder
l'infertile

Je vois

mon fils s'accommoder
de cette culpabilité obscure
ressentie
à féconder sa mère

sa joie lorsqu'il m'arrive
de délier mes cheveux
cela te va bien dit-il
surtout avec ton métier

et l'essence du rire
procréer
dans le claquement
d'une langue sur tes lèvres

Je vois

cette femme que j'aime
me détester ou plutôt
l'image qu'elle construit
pour nous protéger elle et l'enfant

un chant charme la lumière le sable
les serpents enroulés de leurs bâtons
ce que j'en ressens au travers des spasmes
la poudrière du ciel lorsqu'il s'enroule

la douleur du membre fantôme
ni juste ni injuste Babel renaissant aussitôt
engloutie par les armes de ses ouvriers
rien ne se construit hors la joie

Je vois

là où l'histoire ma propre voix
ne seront plus ballottées
qu'au goulot de souvenirs
vagues extraits amoindris

mon fils s'éteindre quelques secondes
plus tard au bras du sien
et le fil ne dérouler
que ce dévidage

les peuples s'emmêler
avec des armes primitives
laissées à rouiller par d'autres
aussi bien intentionnés

Je vois

se renouveler
les discours des origines
toujours trop nombreux
pour les autres sédentaires

la masse informe et anonyme
de ceux qui crurent naïvement

qu'aucun crime ne dépasserait
l'entendement

les cargos chargés à gueule
mais sans équipage et
tous feux éteints
alors que la mer est grosse

Je vois

la gorge saturée de terre
recracher les milliards de tonnes
d'immondices de sacs flottant
hors des eaux territoriales

chaque craquement libérer ces nuées
qu'on attribuera aux feux follets
des boucles de flammes former écran
à la mémoire de l'espèce

un essaim de guêpes furieuses
il existe donc une femme que j'aime
puis une autre indifféremment
maltraiter mon propre sort

Je vois

la limite de flottaison
dépassée de quelques dizaines
de vivants égrenés de leur trognon
au rythme du roulis

cette viande fraîche épuisée
et grelottante
se déverser sur des continents
toujours plus stériles

la même raison que j'ignore
mais qui se justifie
à chaque mot que je tente
de rebrousser chemin

Je vois

s'engager un pronostic vital
lorsque tu me fais remarquer
que je n'ai posé
aucune question

la gorge ouverte d'un rire
qui sonne faux
pour celle dont l'abri
n'est pas fait d'os

ce verger surchauffé où chaque
arbre s'il se couvre de fleurs
laisse s'écouler la sève
au long de l'écorce

Je vois

l'avide prendre la place du désir
et le confort de l'amour

la cécité inscrire le devoir
en chaque voyage

imposer la pleine goulée
au plus vite par l'œilleton
refermant la lumière
d'un miroir

ces familles anciennes
battant leurs enfants gavés
qu'ils se souviennent des stratégies
si seulement monte cette joie

Je vois

le jeûne détourné en ceci
qu'aucune plainte
fût-elle limpide ne
parvient du sol lorsqu'on écoute

le silence qui témoigne de la peau
autant de la joie
une même mélopée du vivant
pour la mémoire du néant

la vérité faut-il répondre
n'est jamais meilleure à entendre
que le plus malsain
des mensonges

Je vois

la sentinelle découper l'embrasure
d'une porte parce qu'enfant
il suivait de ses ciseaux
le contour d'une silhouette imaginaire

la folie qui cherche des détails
à l'insu des hommes et
de leurs architectures
ouvertes aux assassins

les effets entêtants
de cette odeur d'ammoniaque
exhalée des carcasses
de poissons

Je vois

l'acidité ronger les cuivres
la salaison et
la saumure des olives
le vinaigre des cornichons

la vitesse un point sans mouvement
dans l'immensité que fabriquent
des machines encore plus grandes
manipulées par des microbes

la puanteur des fleurs lorsqu'elles fanent
et des fruits au moins vingt kilos de deuil

que ne portera plus mon squelette
ni d'autres cendres

Je vois

ce fantôme mi-enterré
étoffe bleue grelotante
vierge de tous ces péchés qui
salissent les pierres

les puits et les concrétions
érigés par des suites de termites
ne gardant de l'amour que le souvenir
d'un livre restitué illisible

tout ce qui nous rend moins beaux
que nous voudrions l'être
parce qu'hagards nous ne rêvons plus
que de nous balancer d'ici

Je vois

le grondement des moteurs
et la propagande colorée
délimitant le sillage d'avions
aux humains que l'on livre

la larve et le sphinx
leur progéniture hurlant depuis
ces bosquets par lesquels
certains mammifères ont survécu

ceci dont le son est
une crispation d'élytre un
nuage de grillons étourdissant la foule
pour n'en retenir que le nom

Je vois

des hommes sans courage pénétrer
les temples réduits en tessons
la vaisselle devenue sacrée parce que
d'autres refusèrent manger à leur faim

les ventres vitres en façade
cette même matière informelle et
organique le soleil le plafond
et la gélatine des draps

le temps s'arrêter
avant que s'impose une parenthèse
curieuse absence d'audition
leurs piaillements leurs crispations

Je vois

celles que j'ai vues vieillir disparaître
chacune exécrant
les taches de rousseur et un numéro
sur mes poignets

l'obscurcissement des entrepôts
où baignent les solutions

de linges détrempés
s'évaporant hors des bacs

les têtes bâillonnées par le reflux
et la vapeur du plomb
figer droite entre les parois
de l'air et de la buée

Je vois

l'immonde dégueuler des panses
de chaque femme ou de chaque homme
que le courant aura
reconduit sur la plage

la voix de Saul Williams en Louisiane
celles de Mahalia Jackson de Roots Manuva
de Nina Simone ces modulations
contraignant au pardon

la réponse égorgée de cette mère ivre
reconnaissant en première page du journal
son propre nourrisson
dans les mêmes circonstances

Je vois

la lâcheté d'Œdipe se transmettre
de génération en génération
et le courage absurde du minotaure
se réfugiant en chaque à venir

son meurtre sera toujours
trop jeune pour perpétuer le labyrinthe
de Milena Jesenska lorsque Ravensbrück
s'est endormi du Typhus

la main d'un homme quitter la mienne
puis celle d'un autre que j'ai aimé
je chercherai la trace de draps familiers
à l'odeur de la peau d'autres femmes

Je vois

par-dessus les moins solides
sauver ce qu'il faut de sel pour
stériliser la mécanique du poème
contre l'austérité de traités économiques

ton regard précis à ce moment
où se découvre à mes frais
de quoi nous sommes capables
alors que nous nous aimons

savoir ce que je sais
sans interrogation
est une technique de prédateur
admettons

Je vois

l'utilité du renoncement
parce qu'aucune souffrance

ne rapproche
de la compréhension

Babel et Pergame reconstruites
New-York Montréal et Bruxelles éclipsées
où les hommes livreront à d'autres hommes
la cruauté de leur culture

mon propre cœur battre
en dehors du thorax
que j'ai remis entre tes mains
dans d'autres couleurs

Je vois

glisser le creux de ta gorge
il faut donner de la chair dis-tu
aux morts sans quoi
leurs songes nous ressemblent

ce qui en moi acquiesce
répéter sur la toile du trottoir
qui par choix ne possède rien
n'est pas libre des conséquences

ce que compriment les phalanges
lorsqu'elles glissent sur ta peau laisse
ces années d'âpre continence et
le terreau qui m'entoure s'ancrer dans la joie

Je vois

le mercure des polyglottes
empoisonner les biberons
cette femme qui cligne des yeux
lorsqu'on lui soutient la tête

au-dessus de ce trou que produit
comme le cochon la taupe ou
le lapin soulevé des sols
par l'envergure de la mort

ceci qui regrette
survivre aux applaudissements
qu'ont fait naître
ses propres soumissions

Je vois

qu'à force de revendre
ce qui ne nous appartient pas
nous n'éprouvons plus que deuil
de ne rien posséder

mille gouttes rebondissent sur une vite
avant que cesse l'averse
huit cavaliers suivis de millions d'autres
labourant les routes détrempées

à protéger cette pauvre vie
que la nuit ouvre comme on écrase

avec le dos métallique d'une cuillère
la sphère caoutchouteuse d'un œuf dur

Je vois

la pression relâcher les fibres et
mon propre cœur éclater
en filaments
éparpillés sous le choc liquide du nœud

claquant sec contre ma tempe
s'il neige et des centaines d'âmes
en cercle autour de ce gibet il
ne méritait pas le coût des munitions

entre poudre douille et plomb
plus le temps horaire le solde de qui pressera
la détente tout au bas d'une longue échelle
de commandement où se délaie le sens

Je vois

le dos harnaché des derniers pèlerins
ce qu'aucun ne connaîtra de son vivant
une femme aveuglée poursuivre
le centre éclatant de son parfum

le tarmac volant pour chaque mot
frappé par les fers des chevaux
rendant inaudible toute pensée
digne de conscience

l'un garder les yeux ouverts et l'autre
se réfugier l'un mourir jeune et l'autre
au même âge endosser les vêtements
du précédent vingt ans plus tard

Je vois

le premier renaître et le second
décéder vingt ans plus tôt
sur un chemin interrompu par les moraines
tu dis il me faudrait manger la terre

pour traverser les coulées d'argile
douze qui suivent pour un qui voit
autant à table pour un qui goûte
heureux l'aveugle le sourd le muet à la fois

l'essaim de hannetons ou
d'abeilles dérangées
témoignant du regret
dans le tissage d'un miel sombre

Je vois

la vie reprendre aussitôt
ailleurs différente démultipliée
comment cela mènera
à l'anthropophagie de subsistance

la joie déferler sur le monde
par l'allégresse des ruines et

l'idée de reconstruire encore cette utopie
que chaque poème s'obstine à perpétrer

alors qu'une grande tortue céleste
mange lentement la graisse des nuages
la négation du désamour plus terrible
que l'illusion de sa vérité

le creux de cette obscurité
où mature la philosophale trace
de ton désir d'être aimée
par le reste du monde

elle respire très fort dis-tu
des traînées quittent sa gueule
la vapeur du poème révèle où
l'on ignorait mendier la tendresse

les insensibles de naissance
jamais ne sont détournés de la voie
pour eux la joie déferlera comme
la famine des nuées de sauterelles

la joie engloutira
certains la voudront lumineuse
enfantine ou méritée
elle ne sera qu' injuste

et parce que je ne joue pas

le rire s'il vient sera cristallin

Collection « Le Chant du Cygne »

Une collection de littérature au sens large, qui se veut ouverte aux formes d'écriture originales. « Le Chant du Cygne » propose des œuvres denses voire expérimentales guidées par « l'œil » de la lucidité et de la conscience...

Dernières parutions :

Le corps enfin, Claude Helleu
Le long des embrasures, Dominique Boudou
Cosmos, Jean-Louis Micallef
La trace des silences, Didier Mény
Nom de Sang, Andreea-Maria Lemnaru
Dans ce corps qui appelle, Karine Applanat Nicolet
Le caractère sacré, Xavier Frandon
On ne part pas, Arnaud Le Vac
Dans la traversée du visage, Hervé Martin
Ici l'ombre (journal de résistance), Werner Lambersy
L'ADN du monde, Jean-Louis Micallef
L'atlas de l'oeil-Foudre, Felix de Montety
Venise, notre reflet, Denise Borias
À l'aurore, l'insolence, de Sara Bourre
Dans la durée des oiseaux, Dominique Boudou
Traverses de l'éphémère, Dominique Sutter
Silence étoilé, Denise Borias
Par l'argile et l'ortie, Francis Candelier
Équilibre instable de la lumière, François Teyssandier
Les feuillets d'obsidienne, Dominique Zinenberg
Les îles cérébrales, Jean-Louis Micallef
L'ombre des anges, Didier Mény
Le chant de l'enfance, France Burghelle Rey
D'entre les vivants, Julien Estival
Je de l'Ego, de Vincent Motard-Avargues
L'inconnu cardinal, Donia Berriri
Signes de vie, Denise Borias
Fissures d'été, Dominique Zinenberg
Guérisons fatales, Jean-Louis Micallef
Arcanes, Andreea-Maria Lemnaru
Les avortons, Adeline Matte
Bouria, des mots dans la tourmente, Denis Emorine
Un fil de trame, Karine Applanat Nicolet
Un souffle de pétales, Katty Verny-Dugelay
Aquarium, Jean-Jacques Marimbert
Le mors au coeur, Isabelle Poncet-Rimaud
Propos d'inquiéteur, de Michel Joiret
Les orgues sauvages, Jean-Louis Micallef

Passage avec les voix, de Patricia Castex Menier
Plus loin qu'ailleurs, de Gabriel Arnou-Laujeac
Le moment venu, de Denise Borias
Pina Bausch, Werner Lambersy
Tuantes, Philippe de Dinechin
Le goût de la craie, Guy Gilsoul
Destin d'un ange, Jean-Jacques Marimbert
Une barque pour demain, Julien Estival
Bar à frissons, Lili Castille
Rembobinant l'extérieur, Romain Fustier
Au plus près, Philippe Leuckx
Les aimants délectables, Jean-Louis Micallef
L'homme inachevé, Julie Rey
Foulées désultoires, Carole Carcillo Mesrobian
(R)évolutions ordinaires, Collectif
L'hôtesse noire, Jean-Pierre Paulhac
Cahier romain, Werner Lambersy
L'envol des velours, Jean-Louis Micallef
Les patates et autres tubercules de la pensée, Michel Joiret
Un écho de nuit, de Vincent Motard-Avargues
Ruée vers l'homme, Mathias de Breyne
À son corps défendant, Claude Helleu
De brins et de bribes, Werner Lambersy et Jean-Louis Millet
Vaciller la vie, de Denis Emorine
Les années lumière, de Michel Joiret
Au jour le jour, de Denise Borias
Pavots, de Otto Ganz
Des taches sur la robe, Isabelle Poncet-Rimaud
Devant la porte, Werner Lambersy et Claude Allart
Ces mots qui font saigner le temps, de Denis Emorine
Omeyocan, de Benjamin Barouh
La mariée était en rouge, de Jean-Paul Gavard-Perret
Fleur sauvage, de Rémi Giordano
Les corbeaux brûlés, de Éric Allard
Agathe Are, de Marie-Gabrielle Montant
La jeune femme qui descend l'escalier, de Jean-Paul Gavard-Perret
Effets du facteur éolien de l'art sur l'érosion des choses, de D. Baur & W. Lambersy
Langue morte, de Philippe Dubit et Mathias de Breyne
Expérience sous vide, de Laura Berent
Anonymes, de Denys-Louis Colaux
Lettres à Saïda, de Denis Emorine
Le Trou, de Thomas Vinau
Les Impudiques, de Jean-Paul Gavard-Perret
Méchantes filles, de Laura Berent
Tragédie pour deux espaces, de Franck Mas
La Digue, de Sébastien Boussois
Voyage au pays des songes, de Otto Ganz

Achevé d'imprimer en France
par Dupli-Print à Domont (95)
en mai 2018
N° d'impression : 2018050158